westermann

Texte schreiben

Erarbeitet von

Heike Baligand
Angelika Föhl
Nadine Pistor
Elke Schnepf-Rimsa

in Zusammenarbeit mit der Westermann-Grundschulredaktion

Für die Ausleihe bearbeitet von

Heike Baligand
Christina von Weyhe

Unter Beratung von

Nadin Haida-Herklotz
Miriam Jacobs
Katharina Jorga
Insa Scheller
Christina von Weyhe
Prof. Dr. Anja Wildemann

Illustriert von

Gabie Hilgert und Karoline Kehr

Flex und Flora
Deutsch

Inhaltsverzeichnis

Seite

Texte nach Mustern schreiben 4
Ein Parallelgedicht schreiben 5

Anleitungen und Rezepte schreiben 6
Eine Anleitung für ein Experiment schreiben 8 T1

Regeln beim Sprechen und Zuhören beachten 10

Geschichten mit dem roten Faden planen und schreiben 12
Geschichten zu einem Bild planen und schreiben 14
Ideen auswählen und Geschichten schreiben 15 T2

Mit dem Überarbeitungskreis arbeiten 16
Einen Text sprachlich überarbeiten 1 18
Einen Text sprachlich überarbeiten 2 19

Von Erlebnissen erzählen und darüber schreiben 20 T3

Ein Rondell kennenlernen 22

E-Mails und Briefe schreiben 24
E-Mails an verschiedene Empfänger schreiben 25
Eine E-Mail und einen Brief schreiben 26
Eine E-Mail überarbeiten 27

Seite

Genau beschreiben ... 28
Eine Tierbeschreibung überarbeiten ... 30
Eine Beschreibung verfassen ... 31

Mit Sprache spielen ... 32
Mit Buchstaben spielen ... 33
Mit Silben und Wörtern spielen ... 34
Spielerisch einen Text schreiben ... 35

Ein Drehbuch für einen Erklärfilm schreiben ... 36
Ein Drehbuch planen, schreiben und einen Erklärfilm drehen ... 38

Fantastisches erzählen und schreiben ... 40
Eine Geschichte weiterschreiben ... 42
Einen Was-wäre-wenn-Text schreiben ... 43
Eine Würfel-Geschichte erzählen ... 44

Texte nach Mustern schreiben

Pausenglück
von Flex

Das ist Pausenglück
Wenn mein Lieblingsbrot in der Brotdose liegt,
wenn in der Pause die Sonne scheint,
wenn ich einen Platz auf der Schaukel bekomme.

Das ist Pausenglück
Wenn ich mit Freunden Verstecken spiele,
wenn keiner sich streitet oder weint,
wenn es später zur nächsten Stunde klingelt.

Kennst du Lola?
von Gerda Anger-Schmidt

Lola mag Lampions,
Luftburgen,
Liedermacher,
Lotteriegewinne,
Luftschlösser,
Lavendelfelder,
Lamas,
Loblieder,
Lammkeulen,
Luxusgeschöpfe,
Libellenflügel,
Lachfalten –
Aber keine Lämmergeier.

Regentage
von Flora

Wie blöd, dass es heute so stark regnet.
Wie blöd, dass ich nicht raus kann.
Wie blöd, dass unser Ausflug ausfällt.

Doch zum Glück kann ich
den ganzen Tag faulenzen.

So viele unterschiedliche Texte!

In allen Texten gibt es ein Muster.

 **1** Sprich mit einem Partnerkind.
Welche Muster meint Flora?

Texte lesen und Textmuster erkennen
Sich mit einem Partnerkind austauschen

Ein Parallelgedicht schreiben

1 Sammle Wörter für ein Gedicht zu deinem Namen. Die Wörter sollen mit dem ersten Buchstaben deines Vornamens beginnen. Schreibe ins Heft.

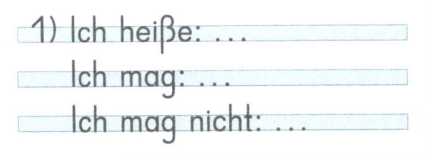

1) Ich heiße: …
   Ich mag: …
   Ich mag nicht: …

2 Welche Wörter passen am besten zu dir? Schreibe damit ein Gedicht ins Heft.

2) Kennst du …?
   von …
   … mag
   Aber keine

Zu manchen Namen ist es schwer, Wörter zu finden.

Du kannst auch deinen Spitznamen nehmen.

Xaver, **Ch**ristina

3 Schreibe ein Akrostichon zu deinem Namen ins Heft. Dein Name kann auch in der Mitte stehen.

Falafel
Lutscher
Omelett
Ravioli
Apfelmus

HÜP**F**SEIL
IN**L**INER
SKATEB**O**ARD
EIN**R**AD
M**A**LKASTEN

4 Schreibe ein Gedicht auf ein Schmuckblatt.

Eine Parallelgedicht zum eigenen Namen planen
Ein Parallelgedicht zum eigenen Namen schreiben
Ein Akrostichon zum eigenen Namen schreiben

Anleitungen und Rezepte schreiben

1. Suche dir ein Partnerkind für die Aufgaben 2–4.

2. Kennt ihr Knetseife? Woraus hat Flex sie hergestellt?

3. Bringt die Bilder in die richtige Reihenfolge.

Zutaten in der Schüssel vermischen

Knetseife in das Marmeladenglas legen

Teig zu einem weichen Klumpen kneten

60 g farbiges Duschgel abwiegen

Teig mit einer Teigrolle ausrollen, Formen ausstechen

100 g Speisestärke abwiegen

4. Wie stellt man Knetseife her? Erklärt es euch.

Zutaten erkennen und benennen
Arbeitsschritte einer Anleitung ordnen
Eine Anleitung angemessen verbalisieren

5 Was braucht man zur Herstellung von Knetseife? Schreibe ins Heft.

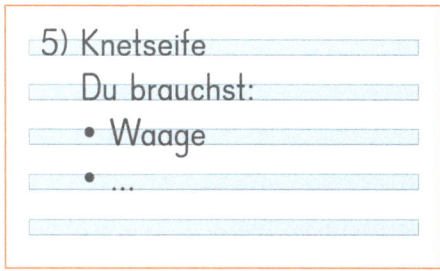
5) Knetseife
Du brauchst:
• Waage
• …

6 Lies die ersten Arbeitsschritte.
Welche Wörter sind für die Reihenfolge wichtig?
Zeige sie einem Partnerkind.

Zuerst wiegst du 60 g farbiges Duschgel in der Schüssel ab.
Dann wiegst du 100 g Speisestärke ab und fügst sie dazu.
Die Zutaten vermischst du danach mit den Händen.

7 Schreibe die letzten drei Schritte der Anleitung ins Heft.
Diese Wörter können dir helfen.

7) …

als Nächstes
anschließend
nun
zum Schluss
zuletzt

Satzanfänge schreibst du groß.

> Eine **Anleitung** besteht aus der **Überschrift**, der **Materialliste** und den **Arbeitsschritten**. Die Arbeitsschritte beschreibst du genau und in der richtigen **Reihenfolge**.
> Beim Kochen und Backen heißen die Anleitungen **Rezepte**.
> Du schreibst dafür zuerst die **Zutaten** auf.
> Die **Zubereitung** beschreibst du genau Schritt für Schritt.

Eine Anleitung ...

1 Schau dir die Fotos genau an. Lies die Arbeitsschritte.

Luftballon vorsichtig über den Flaschenhals ziehen

Materialien bereitstellen

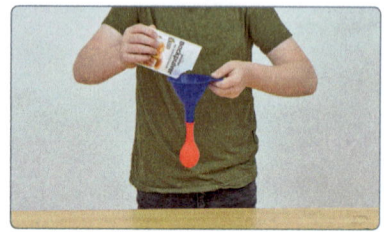

Luftballon langsam aufrichten, Backpulver in den Essig rieseln lassen

beobachten, wie der Ballon sich aufbläst

Trichter in den Luftballon stecken, ein Tütchen Backpulver in den Luftballon füllen

Plastikflasche (0,5 l) zur Hälfte mit Essig (5% Säure) füllen

 **2** Zeige einem Partnerkind in Aufgabe 1 die Fotos, die zu den einzelnen Arbeitsschritten passen.

Bilder betrachten und Textteile lesen
Bilder den passenden Textteilen zuordnen
Materialien für ein Experiment erkennen

... für ein Experiment schreiben

3 Welche Dinge brauchst du für das Experiment?
Zeige sie einem Partnerkind.

4 Welche Dinge brauchst du für das Experiment?
Schreibe eine Materialliste für das Experiment ins Heft.

> 4) Der geheime Luftballon
> Materialliste
> • Plastikflasche (0,5 l)
> • ...
> •
> •
> •

5 Schreibe die Arbeitsschritte für die Anleitung ins Heft.
Achte auf die richtige Reihenfolge.

> 5) Arbeitsschritte
> Zuerst stellst du ...

| Als Nächstes ... | Nun ... | Dann ... | Danach ... | Zum Schluss ... |

Ich achte auf die Satzanfänge.

6 Warum bläst der Ballon sich auf?
Sprich mit einem Partnerkind.
Vermutet und recherchiert.

Du kannst auch im Internet recherchieren.

Eine Materialliste schreiben
Arbeitsschritte für ein Experiment notieren
Vermutungen zu einem Phänomen anstellen und durch Recherche überprüfen

Regeln beim Sprechen und Zuhören beachten

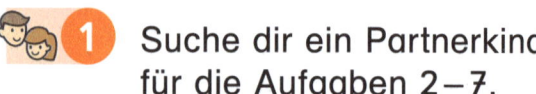

1. Suche dir ein Partnerkind für die Aufgaben 2–7.

2. Sprich mit deinem Partnerkind über diese Fragen:
   a) Was meint Flora?
   b) Welche Gesprächsregeln kennt ihr?
   c) Warum sind Gesprächsregeln wichtig?

Den Nutzen von Gesprächsregeln erkennen

3 Worauf müsst ihr vor einem Gespräch achten?
Zeige einem Partnerkind die sinnvollen Regeln.

- Jedes Kind setzt sich so hin, dass es gut zuhören kann.

- Jedes Kind nimmt sich immer etwas zu essen und zu trinken mit.

- Niemand macht mehr Geräusche, die stören könnten.

- Jedes Kind denkt über das Thema nach.

4 Welche Regeln sind für ein Gespräch wichtig?
Schreibe zuerst allein drei wichtige Regeln ins Heft.

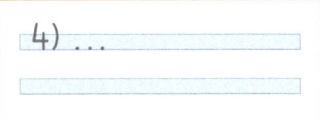

5 Stellt euch gegenseitig die Regeln von Aufgabe 4 vor.
Begründet, warum sie wichtig sind.
Einigt euch auf eure vier wichtigsten Gesprächsregeln.
Schreibt sie einzeln auf Zettel.

6 Überlegt gemeinsam:

a) Was hat bei eurem Gespräch bereits gut geklappt?

b) Seid ihr mit dem Ergebnis zufrieden? Begründet.

7 Führt ein Gespräch in der Klasse.

a) Jedes Paar stellt seine vier wichtigsten Gesprächsregeln vor.

b) Welche Gesprächsregeln sollen für eure Klasse gelten? Sprecht darüber.
Gestaltet dazu ein Plakat mit den Zetteln von Aufgabe 5.

Vor einem Gespräch setzt du dich so, dass du gut sprechen und zuhören kannst. Du stellst dich auf das Thema ein.

Während des Gesprächs hältst du dich an die Gesprächsregeln.

Nach dem Gespräch sprecht ihr darüber, ob die Gesprächsregeln eingehalten wurden oder was ihr im Gespräch gelernt habt.

Geschichten mit dem roten Faden planen und schreiben

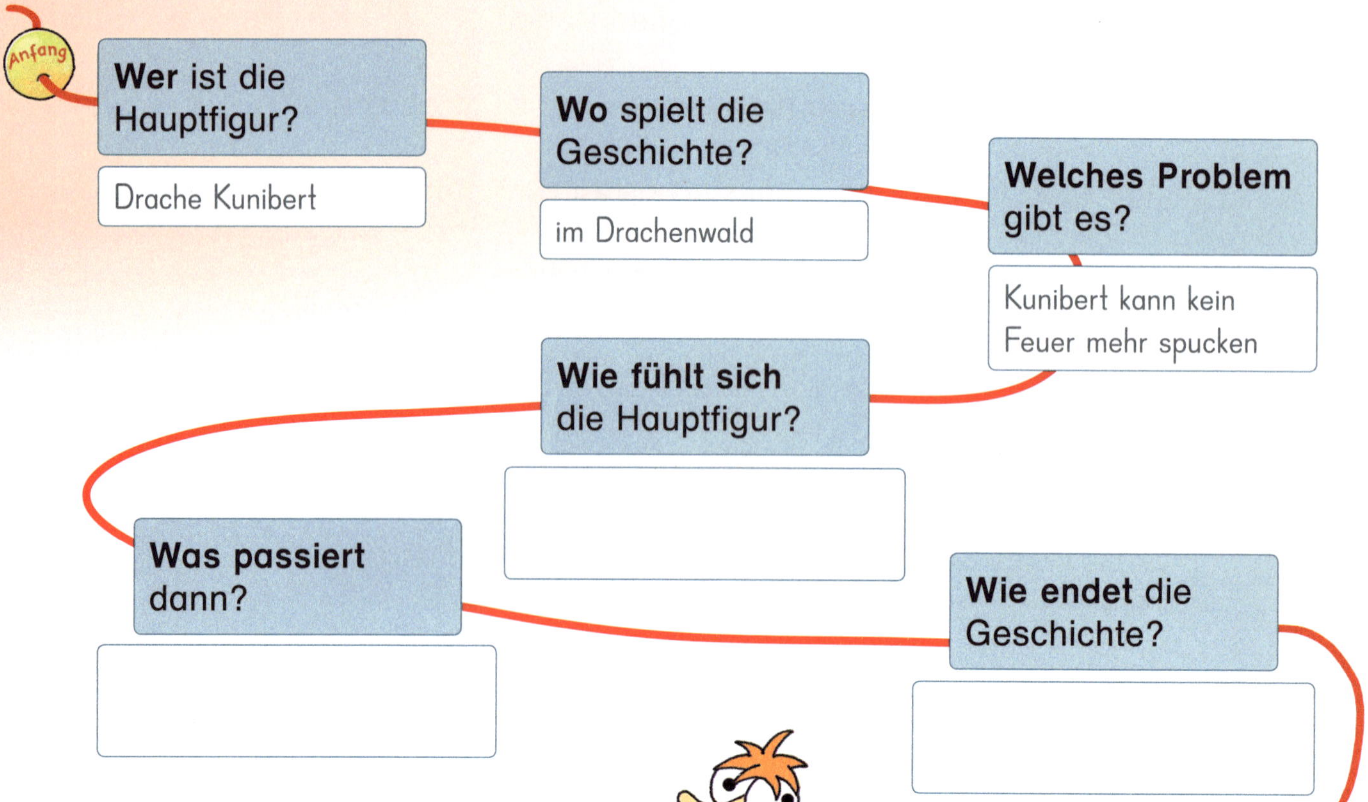

Anfang

Wer ist die Hauptfigur?

Drache Kunibert

Wo spielt die Geschichte?

im Drachenwald

Welches Problem gibt es?

Kunibert kann kein Feuer mehr spucken

Wie fühlt sich die Hauptfigur?

Was passiert dann?

Wie endet die Geschichte?

Ende

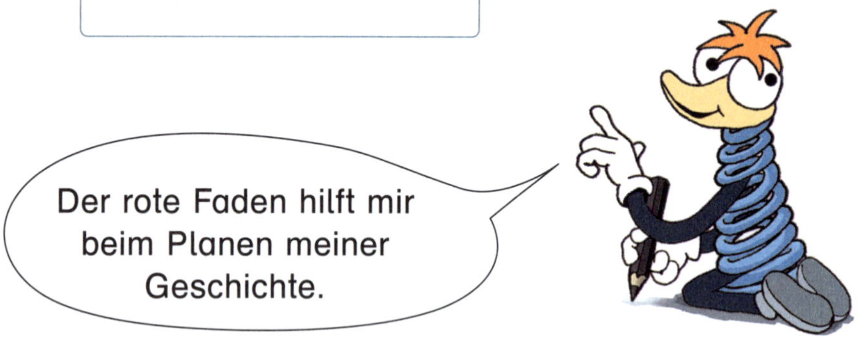

Der rote Faden hilft mir beim Planen meiner Geschichte.

 **1** Sprich mit einem Partnerkind. Was meint Flex?

Mit dem **roten Faden** kannst du eine Geschichte planen.
Die **W-Fragen** helfen dir:
Wer ist die Hauptfigur?   **Wo spielt** die Geschichte?
Welches Problem gibt es?   **Wie fühlt** sich die Hauptfigur?
Was passiert dann?   **Wie endet** die Geschichte?

---

2 Erzähle einem Partnerkind oben am roten Faden deine Ideen.

3 Erzähle deinem Partnerkind deine Geschichte mithilfe des roten Fadens.

4 Lies den Anfang der Geschichte.
Schreibe sie mit deinen Ideen
von Seite 12 im Heft weiter.
Die Satzanfänge können dir helfen.

4) ...

Der Drache Kunibert war groß, stark und sehr mutig.

Er lebte in einer Höhle im finsteren Drachenwald.

Eines Morgens wachte er auf und erschrak.

Er konnte kein Feuer mehr spucken.

- Ein Glück, dass ...
- Ganz unerwartet ...
- Ich konnte nicht glauben, dass ...
- Nie hätte ich gedacht, ...
- Zusammen mit ...
- So ein Zufall, dass ...
- Mein bester Freund sagt: „ ...
- Oh nein, ...

5 Hast du alle W-Fragen beantwortet?
Kontrolliere mit dem roten Faden.

Du kannst deine Geschichte einem Partnerkind vorlesen.

6 Schreibe eine Überschrift ins Heft.

Geschichten zu einem Bild planen und schreiben

1 Schau dir das Bild an.

2 Schreibe Ideen für deine Geschichte zum Bild.
Nutze den roten Faden.

- **Wer** ist die Hauptfigur?
- **Wo** spielt die Geschichte?
- **Welches Problem** gibt es?
- **Wie fühlt sich** die Hauptfigur?
- **Was passiert** dann?
- **Wie endet** die Geschichte?

2) Wer?
Wo?
Welches Problem?
Wie fühlt sich …?
Was passiert?
Wie endet …?

3 Schreibe deine Geschichte mit einer Überschrift ins Heft.

3) …

mutig   fair   aufmerksam   flexibel
hilfsbereit   wunderbar   sportlich
fantastisch   entspannt   konzentriert

Die Adjektive können deinen Text interessanter machen.

4 Hast du alle **W-Fragen** beantwortet?
Kontrolliere mit dem roten Faden.

14

Ideen zu einem Bild am roten Faden entwickeln
Eine Geschichte schreiben
Eine Geschichte mit den W-Fragen des roten Fadens überprüfen

KV 121
Fö 148/Fo 57
HR

Ideen auswählen und Geschichten schreiben

1 Lies die Ideen-Karten.

2 Wähle je eine Idee für die **W-Fragen** des roten Fadens aus.
Du kannst dir auch selbst etwas ausdenken. Schreibe ins Heft.

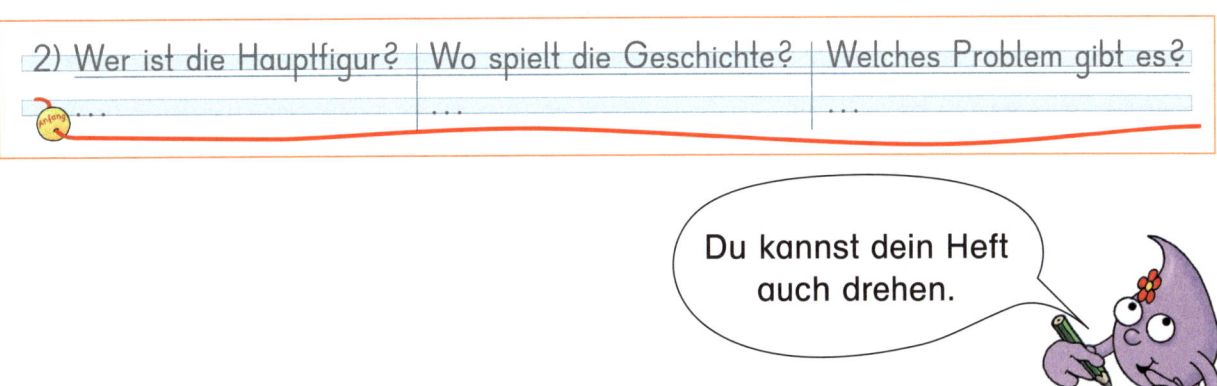

Du kannst dein Heft auch drehen.

3 Wie soll deine Geschichte weitergehen? Schreibe.

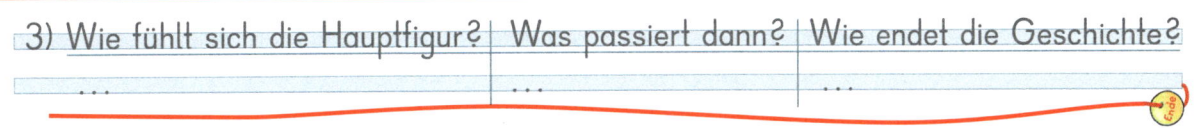

4 Schreibe deine Geschichte mit einer Überschrift ins Heft.

5 Hast du alle **W-Fragen** beantwortet?
Kontrolliere mit dem roten Faden.

6 Lies deine Geschichte einem Partnerkind vor.
Welche Stelle hat ihm besonders gefallen?
Kennzeichne sie mit einem Smiley ☺.

Eine Geschichte mit dem roten Faden planen
Eine Geschichte schreiben und überprüfen
Eine Geschichte präsentieren und Rückmeldung einholen

KV 122
Fö 149
HR

15

Mit dem Überarbeitungskreis arbeiten

1) Suche dir zwei Kinder für eine Gruppe für die Aufgaben 2–8.

2) Sprecht in der Gruppe über diese Fragen:
   a) Was meint Flex?
   b) Welche Regeln für Schreibkonferenzen kennt ihr?

3) Lest Linas Geschichte.

A Die aufregende Busfahrt

Gestern nahm ich den Bus zur Sporthalle. Ich ging in den Bus. Der Fahrer ging hinter sein Steuer. Dann ging der Bus los.

B Alles war wie immer. Aber dann passierte etwas. Ein Hase hoppelte durch den Bus. Ein Kind rief: „Otto ist nicht mehr in seiner Box."

Im Bus waren plötzlich alle ganz. Da bekam der Hase einen richtig großen Schrecken und bewegte gar nicht mehr.

c
- Und der Hase Otto ganz bestimmt auch.
- Das Kint setzte den Hasen wieder in die Box.
- Da packte ich ihn und hielt ihn fest.
- Ale im Bus waren erleichtert.

4 Sprecht in einer Schreibkonferenz über Linas Text.

a) Was gefällt euch an Linas Geschichte?

b) Welche Fragen habt ihr zu der Geschichte?

c) Welche Tipps gebt ihr Lina?

5 In Teil A der Geschichte sind Verben unterstrichen. Sagt andere Verben, die besser passen.

6 Welche Sätze in Teil B der Geschichte sind unverständlich? Sprecht darüber.

7 Kontrolliert die Reihenfolge der Sätze in Teil C der Geschichte. Sprecht darüber.

8 Zeigt die Fehler in Teil C der Geschichte. Sagt, wie die Wörter richtig geschrieben werden.

Eigene Gesprächsbeiträge unter Einhaltung gemeinsam vereinbarter Regeln formulieren
Einen Text überarbeiten

KV 123
Fö 150/Fo 58

Einen Text sprachlich überarbeiten 1

 **1** Suche dir zwei Kinder für eine Gruppe für die Aufgaben 2–6.

 **2** Lest die Geschichte.

Der Streit

Janne hat einen neuen Roboter-Anspitzer. Im Klassenzimmer zeigt sie ihn stolz Erik. Erik besitzt auch so einen Anspitzer. Nach der großen Pause sucht Janne ihren Anspitzer und zeigt auf den von Erik. Der schüttelt den Kopf. Dann beginnen sie zu streiten. Dann fängt Erik fast an zu weinen. Dann beginnt die Stunde. Dann holen alle ihre Hefte aus der Schultasche. Janne auch. Aber was ist das? Ganz unten in der Tasche schimmert etwas Rotes. Da liegt ja der Anspitzer. Jetzt ist alles wieder gut.

 **3** Was gefällt euch an der Geschichte gut? Sprecht darüber.

Sind die Satzanfänge verschieden?

 **4** Welche Satzanfänge wiederholen sich? Zeigt sie. Welche Satzanfänge passen besser? Sprecht darüber.

Gibt es wörtliche Rede?

 **5** An welchen Stellen im Text könnten diese Redesätze stehen? Zeigt die passenden Stellen.

- Janne sagt stolz: „Schau mal, den habe ich von meiner Oma bekommen."
- Janne ruft: „Erik, du hast meinen Anspitzer! Gib ihn her!"
- Erik antwortet: „Quatsch! Das ist ganz sicher meiner."
- Janne entschuldigt sich: „Erik, tut mir leid, war nicht so gemeint."

 **6** Lest die Geschichte mit wörtlicher Rede und ohne wörtliche Rede. Welche Geschichte gefällt euch besser? Begründet.

Einen Text sprachlich überarbeiten 2

 **1** Suche dir zwei Kinder für eine Gruppe für die Aufgaben 2–5.

 **2** Kim und Luca haben einen Text über ein Fantasietier geschrieben. Lest den Text.

Kratzknirsche leben im Klassenzimmer.
Es sind <u>Tiere</u>. (winzige) Sie sind nur ca. 5 mm lang.
Sie haben einen <u>Körper</u> und <u>Beine</u>.
Mit ihren <u>Saugfüßen</u> kleben sie an der Tafel.
Ihre <u>Haut</u> schimmert.
Man kann sie an einer <u>Tafel</u> kaum erkennen.

 **3** Was gefällt euch an dem Text? Sprecht darüber.

 **4** Mit Adjektiven könnt ihr Nomen genauer beschreiben. Sagt passende Adjektive zu den unterstrichenen Nomen von Aufgabe 2.

 **5** Lest den Text. Das Verb **essen** wiederholt sich. Durch welche Verben könnt ihr es ersetzen? Lest den Text mit den neuen Verben.

| schmatzen | verschlingen | knabbern | fressen |
| kauen | schlingen | verdrücken | mampfen | futtern |

Kratzknirsche haben immer Hunger. Sie **essen** alles, was sie kriegen können. Schon am frühen Morgen beginnen sie zu **essen**. Besonders gern **essen** sie Tafelkreide. Sie **essen** so lange, bis nur noch kleine Kreidestummel übrig sind. Während sie **essen**, knirschen sie mit den Zähnen. Das will wirklich niemand hören.

Von Erlebnissen erzählen und darüber schreiben

1. Suche dir ein Partnerkind für die Aufgaben 2 und 3.

2. Sprecht über diese Fragen:
   a) Was meint Flora?
   b) Welche Erlebnisse mit Feuer hattet ihr schon?

3. Sammelt eure Ideen für eine **Feuer**-Geschichte in einem Gedankenschwarm im Heft.

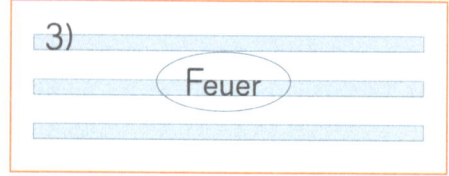

4. Entscheide dich für eine Idee aus dem Gedankenschwarm.
   Schreibe deine Geschichte zum Thema **Feuer** ins Heft.

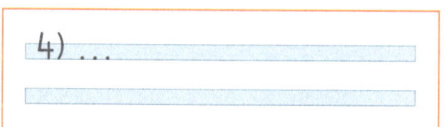

5 Lies die Geschichte.

Der Brand

Am Montag ging ich mit meinem Freund
die Sebastianstraße entlang. Auf einmal sahen wir
Qualm. Wir gingen weiter und konnten das Feuer
schon riechen. Was war da nur passiert?
Auf der Straße standen Feuerwehrautos
und Rettungswagen. Die Feuerwehrleute gingen
in das brennende Haus. Eine Ärztin ging schnell
aus dem Haus auf die Straße. Wir beobachteten
alles eine Weile aus sicherer Entfernung.
Als der Brand fast gelöscht war, gingen wir nach Hause.
Zum Glück wurde niemand bei dem Brand verletzt.

6 Welches Verb kommt in der Geschichte häufig vor?
Zeige es einem Partnerkind.

7 Lies die Verben des Wortfeldes **gehen**.
Welche Verben passen noch? Schreibe ins Heft.

Wortfeld gehen

rennen   spurten   sprinten   eilen
wandern   spazieren   laufen   stolpern

Gibt es passende Verben im Text?

8 Überarbeite die Geschichte von Aufgabe 5
mit dem Überarbeitungskreis.
Ersetze einige Verben durch passendere Verben
aus dem Wortfeld **gehen**.
Schreibe den Text ins Heft.

Eine **Erlebnisgeschichte** ist eine **wahre Geschichte** oder eine **Geschichte, die so passiert sein könnte**. Sie ist so erzählt, dass du dich gut in die Geschichte **hineindenken** und **einfühlen** kannst.

Ein Rondell kennenlernen

Schau mal, ein Gedicht.

Party
1. Heute ist mein Geburtstag.
2. Ich freue mich.
3. Viele Gäste kommen.
4. Heute ist mein Geburtstag.
5. Papa grillt Würstchen.
6. Wir feiern ein tolles Fest.
7. Heute ist mein Geburtstag.
8. Ich freue mich.

In dem Gedicht ist ja ganz viel gleich.

 Was meint Flex? Sprecht darüber.

 Zeige einem Partnerkind die Verse.
Schreibe die Nummern der Verse.

a) In drei Versen steht der gleiche Satz.
b) In zwei Versen steht der gleiche Satz.

Ein **Rondell** ist ein besonderes **Gedicht**.
Es besteht aus **acht Versen**. In jedem Vers steht ein Satz.
Im 1., 4. und 7. Vers steht der wichtigste Satz.
Im 2. und 8. Vers steht ein anderer wichtiger Satz.
Im 3., 5. und 6. Vers stehen jeweils verschiedene Sätze.

 Lies das Gedicht einem Partnerkind vor.
Betone den wichtigsten Vers.

 Lies die Ideen zum Thema **Schwimmen** im Gedankenschwarm.
Welche Ideen hast du? Schreibe ins Heft.

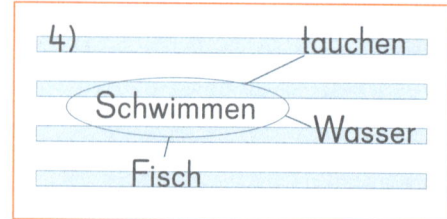

5 Lies den Anfang des Rondells.

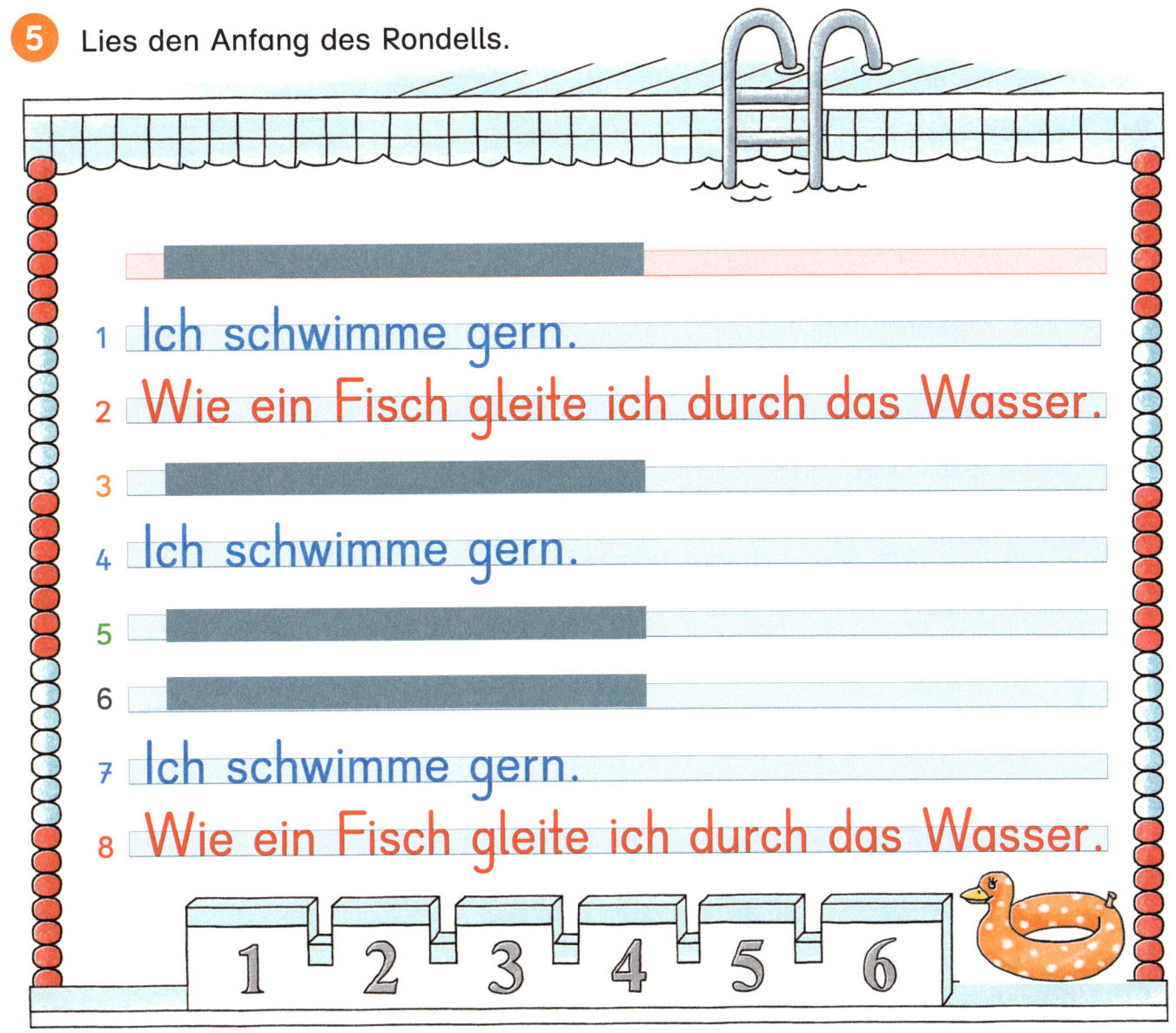

1 Ich schwimme gern.
2 Wie ein Fisch gleite ich durch das Wasser.
3
4 Ich schwimme gern.
5
6
7 Ich schwimme gern.
8 Wie ein Fisch gleite ich durch das Wasser.

6 a) Schreibe die Sätze von Aufgabe 5 ins Heft.
Lass eine Zeile für die Überschrift frei.
Lass Zeile 3, 5 und 6 frei.

6)
1 Ich schwimme ...
2
3

b) Schreibe drei passende Sätze zum Thema **Schwimmen** in die freien Zeilen.
Dein Gedankenschwarm von Aufgabe 4 kann dir helfen.

7 Lies das Rondell mehrmals halblaut.
Schreibe eine Überschrift in die freie Zeile von Aufgabe 6.

8 Lies einem Partnerkind das Rondell vor.
Sprich die Verse, die sich wiederholen, besonders deutlich.
Welche Stelle hat deinem Partnerkind besonders gut gefallen?
Kennzeichne sie mit einem Smiley ☺.

Ein Rondell ergänzen
Ein Rondell vortragen
Feedback zum Rondell-Vortrag einholen

E-Mails und Briefe schreiben

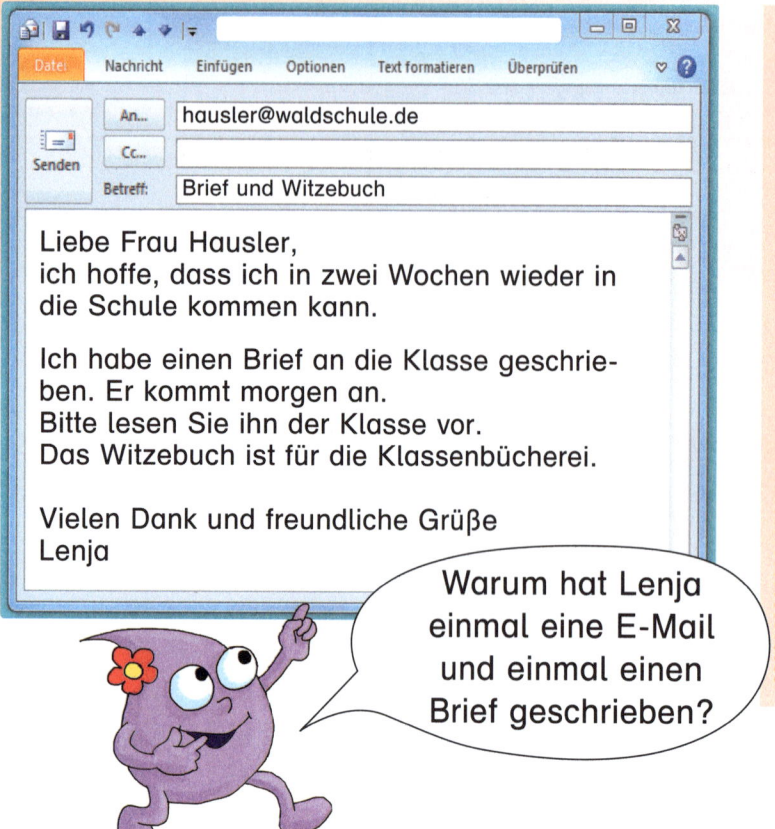

 **1** Sprich mit einem Partnerkind.
Beantwortet Floras Frage.

> In **E-Mails** und **Briefen** kannst du jemanden informieren, etwas erzählen oder um etwas bitten. Du schreibst sie in der Ich-Form und so, dass sie zum Empfänger und zum Thema passen. E-Mails und Briefe haben beide eine besondere Form.

 **2** Welche Bestandteile findest du in der E-Mail, welche im Brief?
Zeige sie einem Partnerkind oben im Bild.

- Ort und Datum
- Anrede mit Komma
- Text
- Grüße und Unterschrift
- E-Mail-Adresse mit @-Zeichen
- Betreffzeile

3 Schreibe Lenja einen Antwortbrief.
Denke an   Ort und Datum,
               Anrede mit Komma,
               Grüße und Unterschrift.

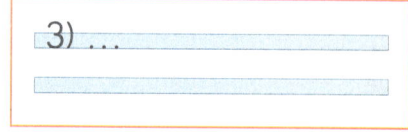

E-Mails und Briefe vergleichen: Vorteile feststellen,
formale Gemeinsamkeiten und Unterschiede erkennen
Einen Brief formal richtig schreiben

E-Mails an verschiedene Empfänger schreiben

1 Suche dir ein Partnerkind für die Aufgaben 2 und 3.

2 Das Klassenfest der 3c am kommenden Freitag kann nicht auf dem Sportplatz stattfinden. Es wird in die Turnhalle verlegt. Lest die E-Mails an die Eltern, an Frau Schneider vom Sportplatz und an die frühere Mathelehrerin der 3c.

Klassenfest am Freitag - Nachricht (HTML)

Datei | Nachricht | Einfügen | Optionen | Text formatieren | Überprüfen

Senden

An... familie_mueller@luna.de

Cc...

Betreff: Klassenfest am Freitag

Liebe Eltern der Klasse 3c,

da die Wettervorhersage Regen ankündigt, muss unser Klassenfest am Freitag in die Turnhalle der Schule verlegt werden. Wir werden sicher trotzdem Spaß haben.

Mit freundlichen Grüßen
Beate Keller
Klassenlehrerin 3c

Klassenfest am Freitag - Nachricht (HTML)

Datei | Nachricht | Einfügen | Optionen | Text formatieren | Überprüfen

Senden

An... barbara.dreher@bma.de

Cc...

Betreff: Klassenfest am Freitag

Hi Babsi,

totaler Mist! Am Freitag soll es regnen. Wir müssen in die Turnhalle. Komm trotzdem, die Kinder freuen sich schon auf dich.

Liebe Grüße
Bea

Klassenfest am Freitag - Nachricht (HTML)

Datei | Nachricht | Einfügen | Optionen | Text formatieren | Überprüfen

Senden

An... schneider@fcneuhausen.de

Cc...

Betreff: Klassenfest am Freitag

Sehr geehrte Frau Schneider,

da die Wettervorhersage Regen ankündigt, wird unser Klassenfest am Freitag in die Turnhalle der Schule verlegt. Daher werden wir Ihre Hilfe auf dem Sportplatz nicht brauchen.

Herzlichen Dank für Ihre Bereitschaft!

Mit freundlichen Grüßen
Beate Keller

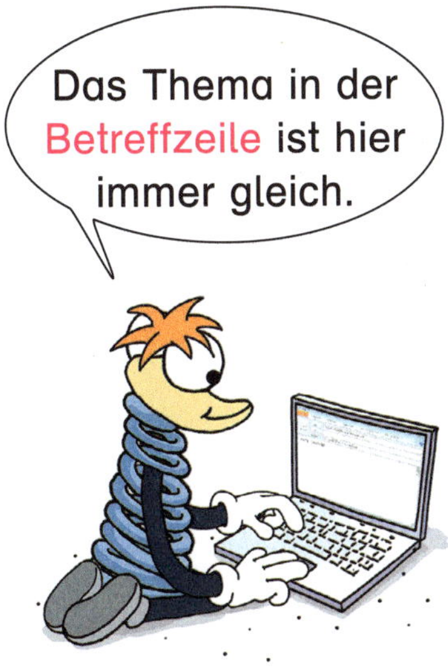
Das Thema in der Betreffzeile ist hier immer gleich.

3 Frau Keller schreibt jede E-Mail anders. Sprecht über die Unterschiede.

4 Dein ehemaliger Mitschüler Luis ist auch zum Klassenfest eingeladen. Schreibe eine E-Mail an ihn ins Heft. Erfinde dafür eine E-Mail-Adresse.

4) An:
CC:
Betreff:
Lieber Luis,

Unterschiede in E-Mails erkennen
Eine E-Mail-Adresse erfinden
Eine E-Mail adressatenbezogen schreiben

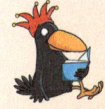

Eine E-Mail und einen Brief schreiben

1 Lies die Anlässe für E-Mails und Briefe.

| Dank an Frau Meier aus der Bücherei für die tolle Bibliotheksführung | Anfrage im Kino wegen einer Schülervorstellung | Dank an die Großeltern für das Ferientaschengeld |

| Einladung zur Geburtstagsfeier an deine Patentante Sara | Bitte an den Zoo um Informationsmaterial zum Artenschutzprojekt | Glückwünsche an meinen Cousin Timo zur Führerscheinprüfung |

2 Wähle einen Anlass von Aufgabe 1 aus.

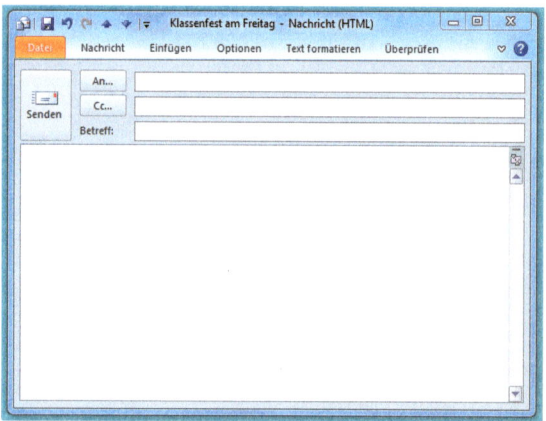 

Erfinde eine E-Mail-Adresse.

3 Schreibe zu deinem Anlass von Aufgabe 1 eine E-Mail ins Heft.

3) An:
CC:
Betreff:
...

4 Wähle einen anderen Anlass aus. Schreibe einen Brief ins Heft.

4) ...

Eine E-Mail überarbeiten

1 Lies die E-Mail.

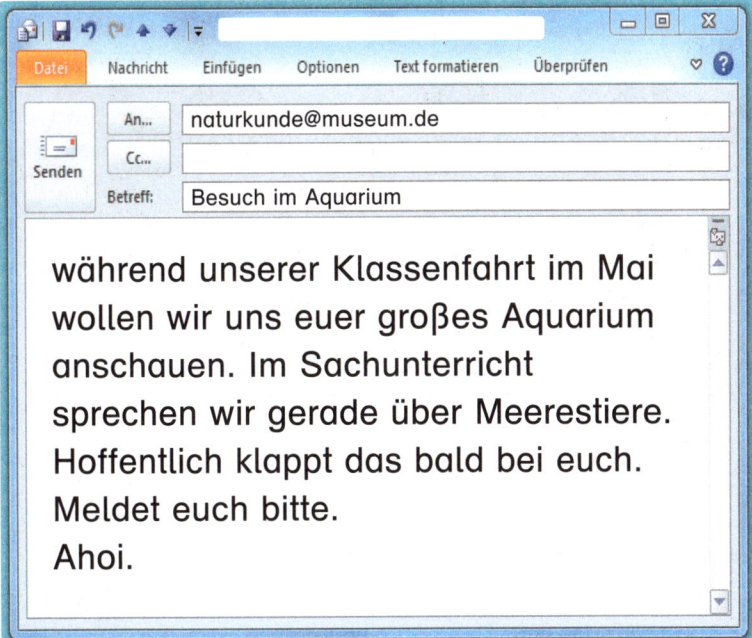

2 Überprüfe die E-Mail von Aufgabe 1 mit dieser Liste.
Sprich mit einem Partnerkind

	ja	nein
E-Mail-Adresse mit @ Die E-Mail-Adresse ist vollständig.	☐	☐
Betreffzeile Hier steht das Thema der E-Mail.	☐	☐
Anrede mit Komma Die Anrede passt zum Empfänger der E-Mail.	☐	☐
Grüße und Unterschrift Die Grüße passen zum Empfänger der E-Mail.	☐	☐
Höflich formuliert Die Formulierungen passen zum Empfänger und zum Anlass.	☐	☐

3 Verbessere die E-Mail von Aufgabe 1 mit der Liste von Aufgabe 2.
Schreibe die verbesserte E-Mail ins Heft.

3) An:
CC:
Betreff:

Genau beschreiben

Mein Monster ist bunt.

So kann ich dein Monster nicht finden, Flex.

1 Sprich mit einem Partnerkind.
Was meint Flora?

2 Schau die Monster im Bild oben an und lies die Sätze.
Welche Adjektive fehlen? Schreibe ins Heft.

2) Im Regal ...

Im Regal sitzen vier Monster mit ▮ Körpern.
(gelben – blauen – grünen)

Zwei Monster haben ▮ Körper.
(rote – gelbe – braune)

Drei Monster haben rote, ▮ Augen.
(runde – eckige – ovale)

Die Beine von zwei Monstern sind gelb und ▮.
(dick – dünn)

Nur ein Monster hat ▮ Ohren.
(lange – kurze)

Nutzen einer genauen Beschreibung erkennen
Ein Bild mit einem Text vergleichen
Adjektive für eine Beschreibung auswählen

3 Lies die drei Beschreibungen.

> Mein Monster hat einen Körper.
> Es hat Beine.
> Es hat Augen.
> Es hat Ohren.

> Mein Monster hat einen ovalen Körper.
> Es hat dünne Beine.
> Es hat eckige Augen.
> Es hat runde Ohren.

> Mein Monster hat einen ovalen, grünen Körper.
> Es hat dünne, gelbe Beine.
> Es hat eckige, braune Augen.
> Es hat runde, blaue Ohren.

Finde mein Monster!

4 a) Welche Wörter sind im zweiten Text dazugekommen?
b) Welche Wörter sind im dritten Text dazugekommen?

5 Wähle ein Monster von Seite 28 aus.
Beschreibe es im Heft.

5) Mein Monster …

6 Lies deine Beschreibung einem Partnerkind vor.
Lass dir das Monster im Bild zeigen.

> Wenn du eine Sache, ein Tier oder eine Figur beschreibst, musst du das **sehr genau** machen. Dann kann man sich gut vorstellen, was du meinst. Für eine genaue **Beschreibung** sind **Adjektive** hilfreich.

Eine Tierbeschreibung überarbeiten

1 Lies den Text.

Katze Mauz

Mauz hat ein <u>Fell</u>.
Auf der Brust hat sie einen <u>Fleck</u>.
Sie hat <u>Augen</u>
und eine <u>Nase</u>.
Mauz schleicht leise
auf ihren <u>Pfoten</u>.
Aber sie kann auch ihre <u>Krallen</u>
ausfahren.

2 Sage einem Partnerkind passende Adjektive zu den unterstrichenen Nomen von Aufgabe 1.

scharf	grau	orange	lang
schwarz	weich	rosa	weiß
glatt	rot	getigert	grün
flauschig	braun	niedlich	dick
klein	spitz	wuschelig	feucht

3 Überarbeite die Beschreibung von Aufgabe 1 im Heft. Verwende passende Adjektive.

3) Katze Mauz
Mauz …

4 Lies deine Beschreibung einem Partnerkind vor.

5 Lass dir die Katze im Bild zeigen. Beschreibe ein anderes Tier im Heft.

5) …

Passende Adjektive für eine Beschreibung ergänzen
Eine Tierbeschreibung überarbeiten
Beim Zuhören Informationen identifizieren und verknüpfen

Eine Beschreibung verfassen

1 Lies den Anfang des Textes.

Mein geheimes Monster
Unter meinem Bett lebt ein richtig
freundliches Monster.
Tagsüber ist es nicht zu sehen,
aber abends wird es munter.
Dann kann ich es ganz genau sehen. …

2 Wie sieht dein Monster aus?
Ergänze Arme, Beine und Hörner.
Male ins Heft.

3 Schreibe den Text von Aufgabe 1 im Heft weiter.

4 Suche dir zwei Kinder für eine Gruppe.
Führt eine Schreibkonferenz durch.
Verwendet den Überarbeitungskreis.

5 Suche dir zwei Kinder für eine Gruppe.
Wähle ein Fahrzeug aus.
Beschreibe es so lange,
bis die anderen Kinder das Fahrzeug erkennen.
Wechselt euch ab.

Ein Monsterbild mit eigenen Ideen ergänzen
Eine Beschreibung passend zu einem Textanfang verfassen
Sich in einer Schreibkonferenz beraten und austauschen

Mit Sprache spielen

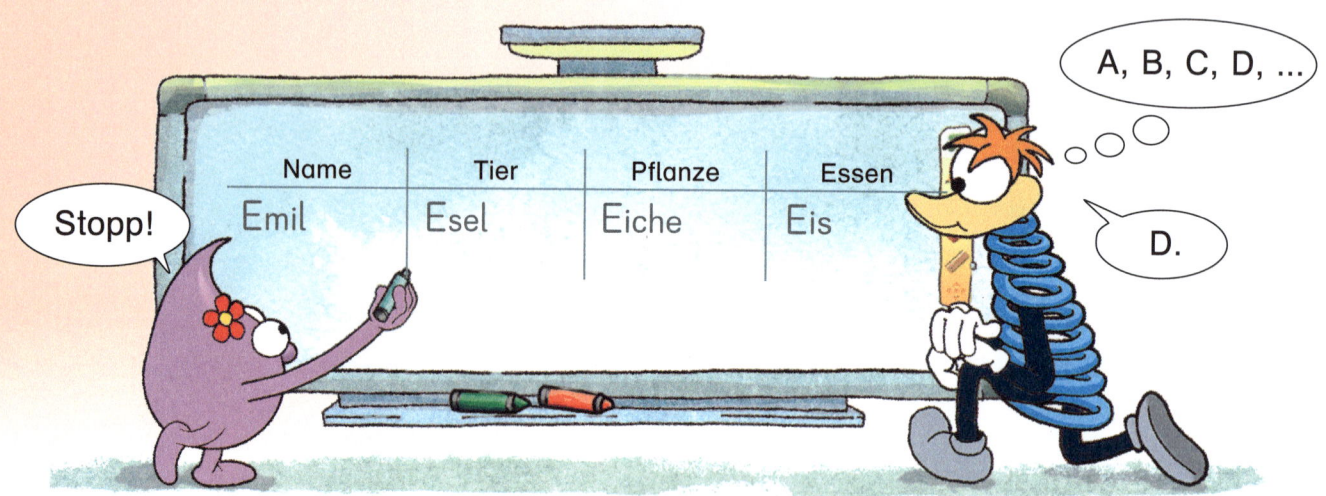

1. Suche dir zwei Kinder für eine Gruppe für die Aufgaben 2–4.

2. Welches Spiel spielen Flex und Flora? Sprecht darüber.

3. Spielt das Spiel von Flex und Flora gemeinsam. Jeder schreibt ins eigene Heft.

3) Name	Tier	Pflanze	Essen
Emil	Esel	Eiche	Eis
...			

4. Schreibt einen eigenen Spielplan auf ein Blatt. Ihr könnt Überschriften von Aufgabe 3 benutzen oder neue erfinden.

4) Beruf			

5. Nun arbeitet jeder allein. Bilde mit mindestens drei Wörtern einer Zeile aus dem Spiel von Aufgabe 3 oder 4 einen Satz im Heft.
Der Esel Emil steht unter einer Eiche und …

Ein Sprachspiel erkennen
Wörter zu Oberbegriffen im Rahmen eines Sprachspiels finden
Eigene Oberbegriffe für ein Sprachspiel finden

Mit Buchstaben spielen

1 Lies den Satz. Was fällt dir auf?

> Mutige Mäuse mögen manchmal Marmelade.

2 Lies die Wörter in der Tabelle.
Übertrage die Tabelle ins Heft.
Schreibe weitere Wörter dazu.

2) Adjektive	Nomen	Verben
mehlig	Mechaniker	maulen
matt	Matsch	merken
…		

Du kannst auch in einem Wörterbuch nachschlagen.

3 Welche zwei Wörter von Aufgabe 2 willst du für deinen Satz verwenden? Markiere sie. Schreibe damit einen Satz ins Heft.
Schreibe mit anderen Wörtern noch drei weitere Sätze.

3) …

Müde Mechaniker maulen.

4 Suche dir zwei Kinder für eine Gruppe für die Aufgaben 5–7.

5 Lest euch gegenseitig die Sätze von Aufgabe 3 vor.

6 Wählt einen Buchstaben aus dem Kasten aus.
Bildet gemeinsam einen Satz und schreibt ihn.
Jedes Wort muss mit dem gleichen Buchstaben beginnen.

6) …

| A | B | E | D | G | K |
| L | M | N | R | S | T |

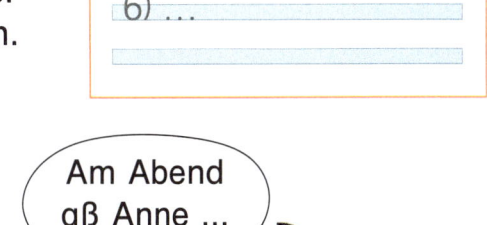

Am Abend aß Anne …

7 Wählt einen weiteren Buchstaben aus. Arbeitet wie in Aufgabe 6.

Im Rahmen eines Sprachspiels Wörter mit gleichem Anlaut finden
Sätze mit gleichem Anlaut schreiben
Fö 170

Mit Silben und Wörtern spielen

 **1** Suche dir zwei Kinder für eine Gruppe für die Aufgaben 2–5.

 **2** Lest Pauls geheime Botschaft.

> Kahallo Kafreunde,
>
> kawir katreffen kauns kaheute kaum kadrei
> Kauhr kaam kaüblichen Kaplatz.
> Kakommt kaalle.
> Kaes kagibt kaviel kazu kabesprechen.
>
> Kapaul

 **3** Entschlüsselt die Geheimschrift.

a) Was ist in jedem Wort gleich?

b) Wie sind die Wörter verändert worden?
Findet die Teile, die nicht zu den Wörtern gehören. Sprecht darüber.

 **4** Lest die Antwort an Paul und entschlüsselt sie.
Findet die Teile, die nicht zu den Wörtern gehören.

> Kaichla kakommela kaetwasla kaspäterla.
> Kaaberla kaichla kawerdela kamichla kabeeilenla.
> Kaleonla

 **5** Wählt eine der beiden Geheimschriften aus.

a) Jedes Kind schreibt einen Satz in einer Geheimschrift ins Heft.

b) Lass ein anderes Kind aus der Gruppe den Satz entschlüsseln.

 **6** a) Erfinde eine eigene Geheimschrift. Schreibe damit Sätze ins Heft.

b) Lass ein anderes Kind aus der Gruppe die Sätze entschlüsseln.

Spielerisch einen Text schreiben

 **1** Suche dir ein Partnerkind für die Aufgaben 2–5.

 **2** Lest den Text.

Verrückte Berufe von Hubert Schirneck

Die meisten Leute denken, ein Regenschauer ist ein heftiger Regen.
Das ist natürlich Unsinn. In Wirklichkeit ist ein Regenschauer
ein Mensch, der den ganzen Tag in den Himmel blickt und
sich den Regen ansieht. Das klingt langweilig, ist aber sehr nützlich.
Der Regenschauer kann nämlich voraussehen, ob es bald regnet –
viel besser als jede Wettervorhersage!   *(gekürzt, verändert)*

 **3** Warum ist der Text lustig? Sprecht darüber.

 **4** Zeige einem Partnerkind die passenden Bilder zu den Wörtern.

Lautsprecher		Alleskleber
Uhrzeiger		Käsemesser
Salzstreuer		Schraubendreher

 **5** Wählt ein Wort von Aufgabe 4 aus.
Sammelt Ideen im Heft.

a) Was macht die Person genau?

b) Warum ist das nützlich?

6 Schreibe einen lustigen Text über einen Beruf
von Aufgabe 4 ins Heft.

Die meisten Leute denken, ein … ist ein Gegenstand.
Das ist natürlich Unsinn. In Wirklichkeit ist ein … ein Mensch, …

Ein Drehbuch für einen Erklärfilm schreiben

1. Suche dir ein Partnerkind für die Aufgaben 2 – 7.

2. Sprecht über diese Fragen:
   a) Was ist ein Erklärfilm? Welche Vorteile hat er?
   b) Warum muss man einen Erklärfilm planen?

3. Schaut euch die Bilder an.

4. Wie funktioniert der Trick? Erklärt es euch gegenseitig.

> In einem **Erklärfilm** werden Abläufe und Anleitungen gezeigt und Sachinformationen gegeben. Er dauert nur wenige Minuten.
>
> Zur Planung eines Erklärfilms schreibst du ein **Drehbuch**. Darin legst du die benötigten Materialien, die Personen, den Ablauf und die Texte fest. Einen Erklärfilm kannst du mit einem Smartphone oder Tablet aufnehmen.

 **5** Plant euren Erklärfilm. Lest und schreibt ins Heft.

5) Das soll man sehen	Das wird gesagt
Person, die den Trick vorführt, begrüßt	Wenn du wissen willst, wie man eine Nadel in einen Luftballon stechen kann, ohne dass der Ballon zerplatzt, dann bleib unbedingt dran.
1 alle Materialien	Für diesen Trick brauchst du
2 Ballon aufpusten	
3 Ballon verknoten	
4 Klebefilm abreißen und auf Ballon kleben	
5 spitze Stecknadel vorsichtig in den Ballon stechen	
6 Ballon mit Nadel zeigen	

 **6** Probt für die Filmaufnahme: Übt zuerst nur den Text. Führt dann den Trick vor und sprecht dazu den passenden Text.

 **7** Nehmt euren Erklärfilm auf. Sprecht langsam und deutlich.

Ein Drehbuch planen, schreiben ...

1 Schau dir die Bilder an. Lies die Erklärungen.

Du brauchst diese Dinge.

Innen in den Deckel des Marmeladenglases eine Erhöhung und Figuren mit wasserfestem Kleber festkleben. Trocknen lassen.

Glitter in das Marmeladenglas füllen.

Glas mit Wasser füllen.
1 cm bis zum Rand freilassen.

Einen Tropfen Spülmittel dazugeben. Umrühren. Eventuell mehr Glitter dazugeben.

Den Glasrand mit wasserfestem Kleber bedecken. Das Glas zudrehen. Trocknen lassen.

2 Schreibe eine Materialliste ins Heft.

2) Du brauchst:
– ...

... und einen Erklärfilm drehen

3 Plane deinen Erklärfilm und schreibe ein Drehbuch.
Übertrage die Tabelle ins Heft.

3) Das soll man sehen:	Das will ich sagen:
Person, die die Anleitung vorführt, begrüßt	Wenn du wissen willst, wie man eine Glitzerkugel bastelt, dann bleib unbedingt dran.
Alle Materialien für diese Anleitung	Für diese Anleitung brauchst du ...
Erhöhung in den Deckel kleben, Figuren darauf befestigen	Zuerst klebst du ...

4 Übe für die Filmaufnahme:

a) Übe zuerst nur den Text.

b) Tu so, als würdest du die Glitzerkugel basteln. Sprich dazu den passenden Text.

Während der Kleber trocknet, machst du eine Pause beim Filmen. Später kannst du die Teile des Films zusammenfügen.

 **5** Suche dir ein Partnerkind.
Es soll deinen Erklärfilm aufnehmen.

 **6** Seht euch gemeinsam deinen Erklärfilm an.
Lass dir eine Rückmeldung geben.
Die Tabelle hilft euch.

	😀	🙂	😐	🙁
Du hast laut und deutlich gesprochen.	■	■	■	■
Man konnte alles gut erkennen.	■	■	■	■
Du hast alles in einer sinnvollen Reihenfolge erklärt.	■	■	■	■

Fantastisches erzählen und schreiben

1. Sprich mit einem Partnerkind.
   Worüber könnten der Junge und die Figur auf dem Bild sprechen?

2. Welcher Geschichtenanfang gefällt dir besser?
   - Anton blieb wie angewurzelt im Garten stehen und starrte zum Apfelbaum. Hinter dem Baum stand ein seltsames Wesen und zitterte am ganzen Körper.

   - Anton wollte gerade sein Fahrrad holen, als er fürchterlich erschrak. Keine zwei Meter entfernt stand ein seltsames Wesen, rollte mit den Augen und kam langsam auf ihn zu.

3 Was sagen der Junge und die Figur?
Schreibe ins Heft.
Achte darauf, dass das Gespräch
zu deinem Geschichtenanfang
von Aufgabe 2 passt.
Die Satzanfänge können dir helfen.

3) ...

Denke an die Redezeichen und Satzzeichen.

- Wie komme ...
- Bist du ...
- Gibts hier ...
- Sehen alle ...
- Leben hier ...
- Isst du ...
- Scheint hier ...
- Was willst ...
- Wo kommst ...

Andere Wörter aus dem Wortfeld **sagen** sind: rufen, fragen, antworten, flüstern, prahlen, schreien, stottern, ...

4 Suche dir zwei Kinder für eine Gruppe.

a) Lies deinen Geschichtenanfang und dein Gespräch vor.

b) Überlegt gemeinsam:
- Passt das Gespräch zum Anfang der Geschichte?
- Wie könnte die Geschichte enden?

Eine **Fantasiegeschichte** ist eine Geschichte, die im echten Leben so nicht passieren kann. Es kommen darin **fantastische Orte** oder **Figuren** vor. Oft haben die Figuren **außergewöhnliche Fähigkeiten**.

Einen Dialog für eine Geschichte schreiben
Angemessen über die Fortsetzung einer Geschichte sprechen
Mit dem Wortfeld *sagen* arbeiten

Eine Geschichte weiterschreiben

1 Lies den Anfang der Geschichte.

Wie jeden Abend ging Tilda mit ihrem Hund Helmut Gassi.
Die beiden trotteten gerade am Spielplatz vorbei,
als etwas Unglaubliches passierte.
Helmut stoppte plötzlich und sagte laut und deutlich: ...

2 Was könnte der Hund sagen?
Schreibe ins Heft.

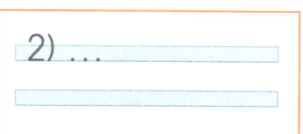

3 Wie könnte die Geschichte weitergehen?
Sammle Ideen für deine Geschichte im Heft.
Verwende dafür den roten Faden
oder einen Gedankenschwarm.

4 Suche dir ein Partnerkind.
Verwende den Gedankenschwarm oder
den roten Faden und erzähle deine Geschichte.

5 Schreibe deine Geschichte ins Heft.
Denke an die Überschrift.

6 Suche dir zwei Kinder für eine Gruppe.
Führt eine Schreibkonferenz durch.
Verwendet den Überarbeitungskreis.

Schreibideen zu einem Thema sammeln
Zusammenhängend erzählen und schreiben
Sich in einer Schreibkonferenz beraten und austauschen

Einen Was-wäre-wenn-Text schreiben

1 Wähle ein **Was-wäre-wenn**-Thema aus.

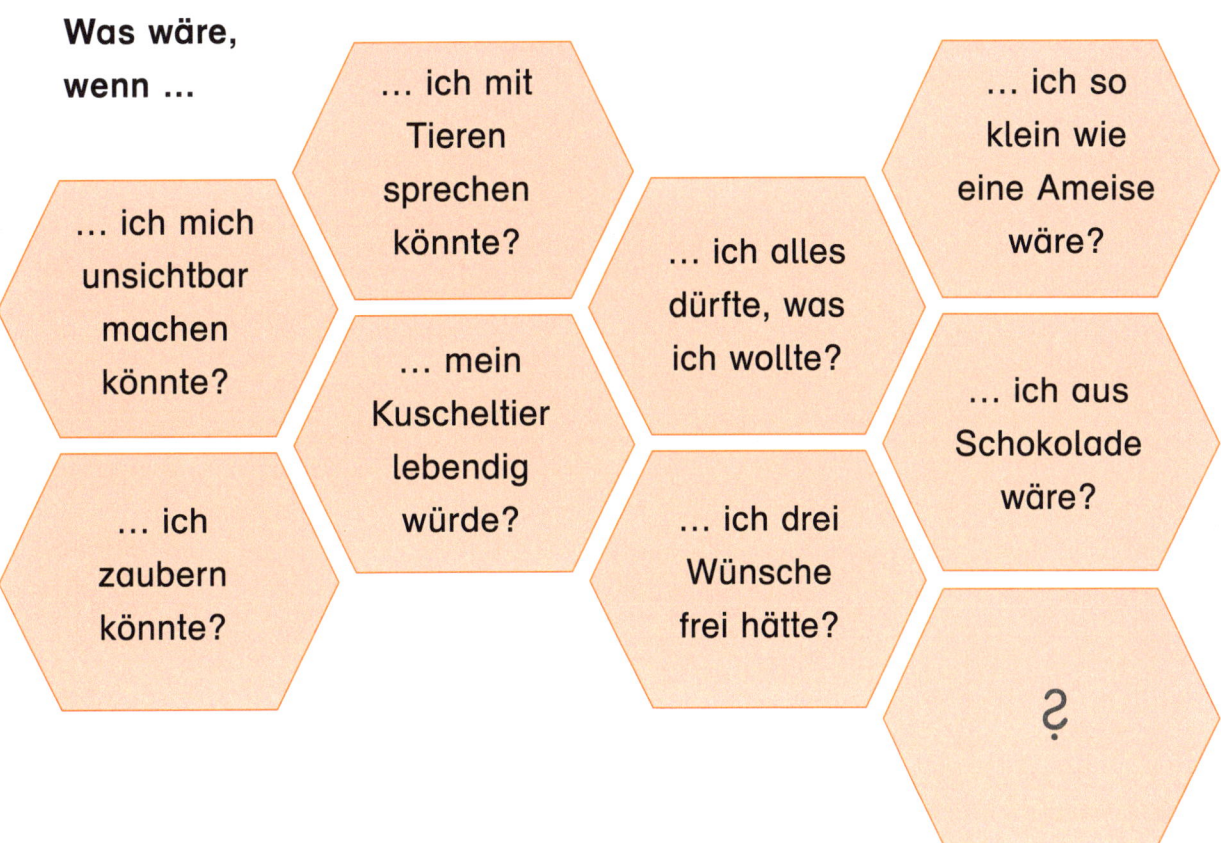

Was wäre, wenn …

… ich mich unsichtbar machen könnte?

… ich mit Tieren sprechen könnte?

… ich alles dürfte, was ich wollte?

… ich so klein wie eine Ameise wäre?

… mein Kuscheltier lebendig würde?

… ich drei Wünsche frei hätte?

… ich aus Schokolade wäre?

… ich zaubern könnte?

…?

2 Sammle Ideen für deinen **Was-wäre-wenn**-Text in einem Gedankeschwarm im Heft.

2)
Was passiert?

3 Schreibe deinen **Was-wäre-wenn**-Text ins Heft. Denke an die Überschrift.

3) …

4 Lies deinen Text einem Partnerkind vor. Welche Stelle hat ihm besonders gefallen? Kennzeichne sie mit einem Smiley ☺. Sprecht darüber.

Eine Schreibidee für einen Text auswählen
Ideen für eine Geschichte in einem Gedankenschwarm sammeln
Wertschätzend Rückmeldung zu einem Text geben

Eine Würfel-Geschichte erzählen

1 Würfle für deine **Würfel-Geschichte** dreimal: eine Figur, einen Ort und ein Problem. Schreibe die Wörter, die zu deinen Würfelzahlen gehören ins Heft.

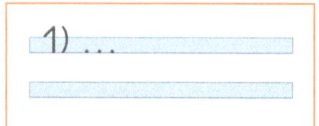

Figur	Ort	Problem
⚀ ein Roboter	⚀ in einem Geisterschloss	⚀ ein wildes Tier
⚁ ein Prinz	⚁ im Zauberwald	⚁ ein seltsames Ei
⚂ eine Sportlerin	⚂ auf einer magischen Insel	⚂ verlorene Zauberkraft
⚃ eine Detektivin	⚃ 300 Meter unter dem Wasser	⚃ ein Geist in der Flasche
⚄ ein Drache	⚄ im Computerspiel	⚄ Vergesslichkeit
⚅ ein Zauberer	⚅ auf dem Mars	⚅ Aufstand der Ameisen

2 Sammle Ideen für deine Geschichte im Heft. Verwende dafür den roten Faden.

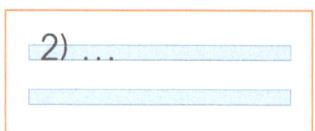

3 Erzähle deine Geschichte einem Partnerkind. Das Partnerkind gibt dir Rückmeldung.

- Was hat deinem Partnerkind an deiner Geschichte besonders gefallen?
- Welche Fragen hat es zu deiner Geschichte?
- Welchen Erzähltipp hat dein Partnerkind für dich?